USAGES

DU

CANTON

DE

MONCOUTANT

Recueillis

PAR

C. PUICHAUD

AVOCAT

A LA COUR D'APPEL DE POITIERS.

L. CLOUZOT,
Libraire-Éditeur
22, rue des Halles, 22.

MAX ECHILLET FILS,
Imprimeur Lithographe et Typographe
13, rue Ricard, 13.

NIORT

1878.

USAGES

DU

CANTON

DE

MONCOUTANT

Recueillis

PAR

G. PUICHAUD

AVOCAT

A LA COUR D'APPEL DE POITIERS.

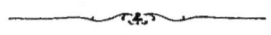

L. CLOUZOT,
Libraire-Éditeur
22, rue des Halles, 22,

MAX ECHILLET FILS,
Imprimeur Lithographe et Typographe
13, rue Ricard, 13.

NIORT
—
1878.

©

INTRODUCTION

On appelle *Usages*, un ensemble de règles qu'observent
les gens d'un pays pour l'exécution des conventions. Ces
règles ne sont applicables qu'en cas du silence de nos lois
sur l'objet qu'elles visent. En effet, l'art. VII de la loi or-
ganique du 30 ventôse, an XII, prend soin de dire qu'à
compter du jour où les lois renfermées dans le code seront
exécutoires, la législation Romaine, les ordonnances, les
coutumes générales et locales, — (et par analogie, les
usages qui ne sont que des coutumes non écrites), — ces-
seront d'avoir force de loi dans les matières qui seront
l'objet des dites lois. Mais quand le code se sera tu sur un
objet, ce même art. VII nous autorisera à conclure, à
contrariô, que nos coutumes ou usages devront recevoir leur
application, s'il ne sont pas contraires à l'esprit de la loi,
cela est si bien l'intention du législateur qu'il a expressé-
ent indiqué dans les art. 663 —671— 674 — 1159— 1758
—- etc... C. C. qu'il fallait se conformer aux usages du pays.

Ces usages qui diffèrent dans chaque département, chaque
ville, et dans chaque canton, ne se composent pas seulement de ceux auxquels renvoient les articles plus haut
cités, nous dirons même que le nombre en est grand. Cet

ouvrage dans lequel nous avons renfermé les usages du canton de Moncoutant le montrera. Nous ne prétendons pas les avoir cités tous, il nous sera permis de croire cependant que tous ceux ayant quelque importance n'auront pas été omis dans ce recueil.

Nos usages visent presque exclusivement les droits et les devoirs des fermiers et métayers, ils tireront à cet égard leur autorité de l'art. 1728, C. C. ainsi conçu : « Le preneur est tenu d'user de la chose louée en bon père de famille, et suivant la destination qui lui a été donnée par le bail, ou suivant celle présumée par les circonstances, à défaut de convention. »

Le fermier ainsi que le métayer en ce qu'il ne respectera pas les usages s'exposera à la violation de l'art. 1728, — car les usages, fruit de l'expérience de plusieurs générations, ont été établis pour la conservation et l'entretien de la chose louée, — ce fermier ou ce colon manquera donc alors à ses devoirs, et sera passible de dommages-intérêts et obligé à la réparation du préjudice causé, conformément à l'art. 1142, C. C. qui servira de sanction à son obligation de faire ou de ne pas faire : « Toute obligation de faire ou de ne pas faire, se résout en dommages-intérêts, en cas d'inexécution de la part du débiteur. » et par l'art. 1382, C. C. relatif au préjudice causé : « Tout fait quelconque de l'homme, qui cause a autrui un dommage, oblige celui par la faute duquel il est arrivé à le réparer.

Nous avons vu que l'usage ne prévaut pas contre la loi, il ne prévaut pas aussi contre la convention, car aux termes de l'art. 1134, C. C. les conventions des parties tiennent lieu de loi à ceux qui les ont faites.

Mais nous avons parlé ici du fermier et du métayer, on

nous permettra de dire ce qu'ils sont l'un et l'autre, avant d'indiquer leurs droits et leurs obligations.

Le fermier est une personne qui en échange d'un prix d'argent, ou d'une redevance en nature, reçoit d'un propriétaire, pour un temps déterminé, un fonds rural, dont il retirera des bénéfices en le cultivant.

Le métayer ou colon partiaire, est celui qui prend des terres à exploiter, à condition de remettre au propriétaire la moitié des fruits produits par le fond loué à titre de bail à moitié fruit.

Nous clorons ici cette introduction déjà longue, avec l'espoir que notre travail ne sera pas inutile, et en remerciant les personnes qui nous ont honoré de leur concours.

USAGES

DU

CANTON DE MONCOUTANT

Abeilles. — Pour aucune raison il n'est permis de troubler les abeilles dans leurs courses et leurs travaux, même en cas de saisie légitime, une ruche ne peut être déplacée que dans les mois de décembre, janvier et février. Loi du 28 septembre 1791 art. 3.

Le propriétaire d'un essaim a le droit de le réclamer et de s'en ressaisir, tant qu'il n'a pas cessé de le suivre ; autrement, l'essaim appartient au propriétaire du terrain sur lequel il s'est fixé. Même loi, art. 4. Cependant, l'usage veut, dans le canton de Moncoutant, que l'essaim et les produits présents et futurs, par application de l'art. 716, C. C. appartiennent par moitié au propriétaire du champ, et par moitié à l'inventeur.

Abreuvoirs. — Le fermier et le colon sortants doivent laisser les abreuvoirs bien nettoyés à leur sortie, et éviter avec soin que les eaux des étables et basses-cours n'y affluent.

Ajoncs. — Produit naturel de la terre, les ajoncs, doivent être partagés par moitié entre le propriétaire et le colon, mais l'usage permet à ce dernier de les consommer

soit pour en chauffer son four, soit pour en faire des brûlots sur ses guérets.

Les fermiers et colons sortants peuvent couper le tiers des
ajoncs qui se trouvent sur les pièces de terre où ils sont ordinairement parés, pour en faire des brûlots sur leurs guérets.

Arbres futaies. — Il est interdit au fermier et au
métayer d'élaguer les arbres futaies et d'en couper les
grosses branches, ainsi que de mettre ces arbres en têtards.
Le consentement du maître lèvera cette prohibition.

Le maître n'a pas besoin de l'autorisation du fermier ou
du colon pour abattre ces futaies. S'il les vend ou les fait
couper a son compte, il sera laissé des branches et piquets
en quantité suffisante pour la fermeture des haies dans
lesquelles ils se trouvaient. La fermeture est à la charge
des fermiers et colons. Ces derniers laisseront monter les
jeunes arbres dans les haies, sans les étêter, et les préserve-
ront des atteintes du bétail.

Arbres têtards (abattage des) — L'usage reconnaît
au propriétaire la faculté de faire abattre, sans requérir l'as-
sentiment du fermier et du colon, les arbres têtards morts
qui ne donnent aucun produit ; quant aux branches mortes,
elles reviennent de droit à ceux-ci.

Le propriétaire demandera pour l'abattage des arbres
têtards vivants l'agrément des fermiers et colons, qu'il
indemnisera de la perte qu'il leur fera éprouver au sujet des
branches. (V. *Aubépines.*)

Arbres têtards (ébranchage des) — Le fermier
ou le métayer d'un bien rural n'a droit d'ébrancher à son
profit, chaque année avant le 25 mars que la cinquième
partie des arbres têtards dont les branches ont cinq ans.
Cette opération ne devra pas être retardée ni trop avancée.

Le sortant doit laisser la vingtième partie des arbres destinés à être ébranchés, pour l'entretien des clôtures de l'année.

Le métayer et le fermier sortants peuvent ébrancher pendant le mois de septembre, époque de leur sortie, la cinquième partie des frênes ou ormeaux dont les branches sont âgées de quatre à cinq ans, mais après en avoir fait manger les feuilles à leurs bestiaux ils laisseront ces branches à leurs successeurs.

Tout fermier ou colon, hors le cas précédent, pourra vendre et emporter le bois qu'il a récolté sur l'exploitation.

Arbres (plantation des). — De temps immémorial, les propriétaires conservent et plantent constamment, dans les haies vives qui leur appartiennent, des arbres à haute tige, à moins de deux mètres de l'héritage voisin, distance fixée par l'art. 671, C. C. à défaut d'usages.

Il est aussi d'usage que le propriétaire, lorsque ces arbres viennent à périr ou à être abattus, replante des arbres de la même essence, en même nombre et à la même place, c'est-à-dire à cinquante centimètres seulement de l'héritage voisin. C'est une tolérance réciproque forcée.

On observe cette même distance pour la plantation des arbres à basse tige.

Assolement. — On nomme *assolement* la distinction des terres habituellement labourables en plusieurs parties ou soles qui seront cultivées les unes après les autres.

L'assolement ne comprend ni les pâtis proprement dits, ni les terres volantes, ni les noues, ni les jardins, ni les prairies. Le colon, ainsi que le fermier, ne sont pas astreints à défricher les anciennes landes à moins de conventions, mais ils ne doivent pas laisser venir en landes, les terres habituellement labourables.

L'assolement est triennal dans le canton de Moncoutant.

Pour bien expliquer comment se fait l'assolement dans ce canton, nous nous supposerons à l'année de la sortie du colon ou du fermier, et nous verrons se dérouler successivement la culture des soles.

1°. A l'époque de la St-Michel, le fermier ou colon sortant, emblave en froment, seigle ou méteil (*V. Fumures.*) un tiers des terres labourables. Au mois d'août suivant, il vient faire la récolte de ses blés, en payant les impôts mis à sa charge. (*V. Ensemencement.*)

2°. Un autre tiers, celui ou le sortant avait une récolte avant sa sortie, reste en jachère morte depuis le mois d'août jusqu'au mois de mars suivant. A partir de cette dernière époque, le fermier ou colon entrant sème baillarge, avoine, sarrazin, pommes de terres, etc.. et il moissonne au mois d'août pour la première fois, puis au mois de septembre il ensemence les terres où étaient ces différentes récoltes, en blés d'hiver, froment, seigle ou méteil, orge, etc..

Ainsi les deux tiers des terres labourables sont emblavés alternativement de la même manière, c'est-à-dire tout les deux ans l'un, en blé d'hiver pendant quatre ou six ans, suivant la qualité de la terre.

Après cette succession de récoltes, on laisse les terres en jachère pendant plusieurs années, et c'est alors qu'elles produisent du genet, et servent de pacage aux bestiaux.

3°. Le dernier tiers repose en nature de pacage, mais dès que les autres ont produit deux ou trois blés d'hiver, on commence à le cultiver.

Nonobstant ce mode d'emblavaison, le fermier ou le colon, pendant le cours de son bail, cultive comme il l'entend, mais à sa sortie, il est obligé par l'usage et par la loi, à laisser la propriété dans l'état où il l'a trouvée à son entrée.

Le colon ou le fermier accomplirait une fraude, s'il réservait les meilleures des terres pour les cultiver à sa sortie.

Ordinairement le propriétaire abandonne au colon ou au fermier entrant, l'indemnité qu'il reçoit du sortant pour le dommage que celui-ci a commis sur la propriété, pendant le cours de son bail; grâce à cette indemnité, le fermier ou le colon entrant, étant censé avoir reçu la propriété en bon état, doit la rendre en bon état à sa sortie.

Aubépines. — Le propriétaire fournira aux colons et fermiers les plants d'aubépines, s'il veut qu'il en soit planté par eux dans les haies à la place des arbres arrachés et dans les haies divisoires.

Baux. — Un fond rural est affermé soit à prix d'argent ou d'une redevance en nature, soit à moitié fruit. Dans le premier cas, le preneur se nomme fermier, et son bail, bail à ferme. Dans le second cas, il se nomme colon ou métayer, et le bail, bail à colonage partiaire ou métayage.

La durée des baux écrits des colons ou fermiers est de trois, six, sept ou neuf ans. Celle des baux verbaux est de trois ans au moins.

Le bail verbal des terres volantes et maisons est d'un an, lorsque la durée n'en a pas été fixée par la convention des parties.

Blés. — Le colon fournit la moitié des semences qu'il met en terre. S'il fait l'avance de la moitié qui incombe au propriétaire, il la prélève au moment du partage de la récolte. Les frais de binage, sarclage, butage, récolte, etc.. sont à la charge des fermiers et colons.

L'eau, ainsi que tout ce qui est nécessaire au fermier ou au colon sorti pour préparer l'aire où il doit battre sa dernière récolte de blé, sont pris sur les lieux.

Le colon ou le fermier sorti fournit la charrette pour le transport de la récolte ; leurs successeurs dans la métairie ou la ferme fournissent les bœufs et les vaches pour les charrois.

Le bordier qui ne fait pas ses labourages n'est pas astreint à cette dernière obligation envers son prédécesseur.

Le blé méteil et le seigle seulement doivent être coupés de manière à laisser du chaume ou buaille, ainsi que le froment envahi par l'herbe et les ronces.

Les autres céréales doivent être coupées le plus bas bas possible, sauf le cas ou des ronces et des herbes en empêcheraient. Le colon et le fermier sortis qui viendront ramasser leur récolte l'année de leur sortie, (V. Assolement), auront le droit d'exiger de leurs successeurs un peu de paille pour couvrir leurs gerbes, s'ils les mettent en meule au dehors. Ces gerbes seront placées à l'endroit où l'on a coutume de les placer dans les granges ou dans l'aire.

Bois taillis. — La coupe des bois taillis de chênes et châtaigners se fait tous les neuf ou dix ans.

La coupe des bois taillis doit être nette, sans éclats, sans décortication, elle aura lieu le plus près qu'il sera possible de la terre, sans toutefois que la souche ait à en souffrir.

La coupe du chêne se fera horizontalement, au moyen de la hache.

Quant aux châtaigners, les grosses branches ou feuillards, seront coupés en pied de biche, c'est-à-dire au moyen de deux entailles opposées, faites à la hache, les petits brins ou fournille sont détachés du pied avec la serpe.

L'époque de l'exploitation des taillis de chênes et de châtaigners est fixée depuis la Toussaint jusqu'au quinze avril, car l'exploitation du quinze avril à la Toussaint fait mourir le bois ou diminue sa vigueur.

On sort le bois des taillis autant qu'on peut, sinon il est embargé dans les clairières où l'embargement n'entraînera aucun dommage.

L'enlèvement de l'écorce des chênes se pratique depuis la mi-avril jusqu'au 25 mai.

Le charbonnage se fait dans les clairières ou anciennes charbonnières.

Dans les taillis, les feuilles et fougères appartiennent à l'exploitant.

Bordiers. — Les fermiers et bordiers ne diffèrent entre eux que sous le rapport de la grandeur de terre qu'ils occupent, (*voir aussi signification, foins, blés*), nous appliquerons en conséquence aux bordiers le nom générique de fermiers.

Carreaux de four. L'entretien des carreaux de four est à la charge du fermier sortant et du colon.

Cendre. — Les colons et fermiers ne doivent pas vendre de cendre.

Champs de blé. — Le fermier ou le colon sortant est obligé d'entretenir en bon état les champs de blé qu'il a emblavés lors de sa sortie.

Le fermier et le colon sortants peuvent couper, pour la faire manger à leurs bestiaux, l'herbe qui se trouve autour des champs de blé qu'ils ont ensemencés un an avant leur sortie.

Charrois, prestations. — Le propriétaire d'un domaine ne peut à défaut de convention, et à titre de redevance,

exiger que son métayer ou son fermier lui fasse des charrois et autres prestations pour ses propres besoins.

Le transport des matériaux, du pied d'achat au pied
d'œuvre, est dû par les fermiers et colons pour les réparations locatives. L'usage leur impose aussi l'obligation de
transporter au domicile du propriétaire, les produits qui
lui reviennent, à condition toutefois que la distance à parcourir ne soit pas trop considérable.

Dans le cas où le propriétaire aurait établi que ses fermiers
et métayers lui devraient des charrois, s'il n'exige pas ces
charrois dans l'année où ils sont dûs, il est déchu de son
droit.

Les hommes employés aux charrois sont nourris par le
propriétaire. Il n'en est pas ainsi pour les animaux de
transport.

Chaumes, buailles. — L'usage veut que le fermier ou
le colon sortant laisse avant son départ le dernier chaume
sur pied ; néanmoins, il peut en employer pour faire de la
litière à ses bestiaux, à la charge de laisser à son successeur
le fumier en provenant.

De même, il doit laisser sur pied le chaume de la moisson
qu'il fait après sa sortie.

Chèvres, moutons. — Il n'est pas permis aux colons
et fermiers de mettre leurs chèvres et moutons dans les
genêts ayant moins de deux ans.

Choux verts. — Bien que l'usage ne l'ait pas autorisé
dans ce canton, il arrive quelquefois que le colon ou le
fermier entrant s'entend avec le sortant pour planter une
certaine quantité de choux verts dans une ouche ou dans un
champ de la ferme que celui-là doit bientôt exploiter. Cet
usage existe dans un canton voisin, (Cerizay), et nous

désirerions qu'il fût importé dans le nôtre. Le fermier ou le colon entrant aurait par ce moyen une grande facilité pour l'entretien de son bétail, au moment de son entrée.

Clions, clôtures, barrières. Les colons et fermiers font les barrières, claies et clions, et en fournissent le bois.

Chaque pré et pièce de terre labourable aura à son entrée une claie ou deux clions, et chaque jardin un clion, dont l'entretien est à la charge des exploitants.

Il est d'usage de clore par des haies vives d'un mètre 33 centimètres de hauteur toutes les terres sans exception. Lorsque ces haies sont trop hautes ou trop épaisses, on doit les tondre ou les élaguer. (*V. haies*).

Congé, signification. — A l'égard des maisons, pièces de terre volantes, le congé doit être signifié trois mois avant la sortie, c'est-à-dire avant la saint-Pierre, — 29 juin, — si le bail est verbal.

Quant aux métairies et borderies, l'usage est conforme à l'art. 1775, C. C. qui dispense de donner congé. Toutefois, il oblige celui qui veut faire cesser la jouissance de la ferme à prévenir le maître ou le fermier et colon, suivant les cas, six mois d'avance pour les borderies, et un an pour les métairies.

Les étangs, moulins, bois, jardins, suivent la loi des terres dont ils dépendent, sous le rapport des congés et significations.

Couvertures des bâtiments. — Les couvertures des toits et bâtiments doivent être refaites intégralement tous les cinq ans, aux frais des locataires, métayers, fermiers, quant à la main d'œuvre, les propriétaires fournissent les matériaux.

Les sortants paient, à l'époque de leur sortie, autant de

cinquièmes qu'il y a d'années qu'elles n'ont pas été refaites.

Distances. L'usage prescrit pour l'établissement des choses dont parle l'art. 674 C. C. puits, fosses d'aisance, cheminées, forges, fourneaux, établics, magasin de sel ou amas de matières corrosives contre un mur mitoyen, que l'on construira un contre-mur capable d'empêcher les infiltrations, d'une épaisseur de 33 centimètres.

Si l'on ne construit pas un contre-mur, les fumiers se déposent à un mètre de l'héritage voisin.

Domestiques. — Le maître perd les arrhes données, et le domestique les restitue et les double en cas d'inéxécution du marché, à moins toutefois qu'il n'y ait des motifs graves autorisant cette inéxéeution.

Il est d'usage que le service des domestiques et servantes commence à la St-Jean, (24 juin), dans ce cas les parties pourraient convenir d'un gré à la Toussaint, ou que ce service commence à la Toussaint, s'il y avait alors un gré il arriverait à la St-Jean.

Les arrhes font partie du gage.

Si l'une des parties ne voulait pas exécuter son engagement, elle préviendrait l'autre un mois d'avance au moins.

Le salaire des domestiques employés aux travaux des champs est aussi élevé, d'après l'usage, pour la période de la St-Jean à la Toussaint, — juillet, août septembre, octobre, — que pour le restant de l'année, les huit autres mois.

Sauf stipulation, il n'est pas accordé de jours aux domestiques pour aller aux assemblées-gageries, foires, etc...

Ensemencement ou emblavaison. — L'entrant ne peut empêcher le sortant d'ensemencer après sa sortie, excepté jusqu'au 15 novembre.

Quand le sortant a ensemencé plus de terres que l'usage

ne lui permettait, c'est-à-dire plus du tiers de ces terres, il est passible de dommages-intérêts fixés ordinairement par l'arbitrage.

Entrée en jouissance. — L'entrée en jouissance des locataires, fermiers, métayers est invariablement fixée au 29 septembre,

Etangs. — La pêche des étangs s'effectue trois ans après l'empoissonnement, à l'époque du carnaval. Le fermier de l'étang sera chargé de son empoissonnement.

Dans l'étang dépendant d'une métairie, le poisson se partage entre le propriétaire et le colon, ils empoissonneront à frais communs.

Les chataignes d'eau ou mâcres sont la propriété des fermiers des étangs, à moitié entre le propriétaire et le colon.

Les grosses réparations des étangs sont à la charge du propriétaire.

Etat des lieux. — Le fermier ou le colon entrant, afin de faire constater l'état des lieux, s'entend avec le propriétaire pour choisir un expert, et le fermier ou colon sortant choisit le sien.

Ainsi désignés sans formalité de justice, et sans prestation de serment préalable, les deux experts, au jour indiqué, en présence des deux parties, procèdent à la description des lieux, à la constatation et à l'estimation des dégradations et contraventions commises par le sortant, et ils dressent du tout procès-verbal en double-copie dont une pour l'entrant et l'autre pour le propriétaire.

L'usage met à la charge du fermier ou du colon sortant tous les frais que cette visite occasionne, moins le constat des lieux de l'entrant qui est à sa charge.

Le propriétaire abandonne ordinairement au preneur. l'indemnité payée par le sortant, *(V. Assolement,)* — pour les dégâts qu'il a causés, et ce preneur doit rendre à sa sortie les lieux en bon état grâce à ce qu'il a reçu à son entrée. Mais si par exception le propriétaire garde pour lui l'indemnité, il est alors constaté au pied du procès-verbal que toutes les dégradations et contraventions sont portées *pour mémoire*, et qu'à sa sortie l'entrant n'est tenu qu'à laisser les lieux dans le même état qu'il les a trouvés à son entrée. La visite des lieux est faite dans les trois mois après la sortie. Après la fête de Noël, la visite des lieux ne pourra plus être faite. (V. *Sortie.*)

Foin. — La fauche du foin est ordinairement fixée au 25 juin.

La coupe, le fanage, le charroi, le soutre en fagots de bois à une réorte ou en fagots de genet arraché, et l'empilement du foin à la place habituelle, sont exécutés par les soins et aux frais des colons et fermiers sortants.

Lorsque la meule de foin est placée extérieurement, le fermier ou le colon sortant doit la couvrir avec de la paille aussitôt sa formation. Il place des branches d'arbres ou des cordes de paille sur la couverture pour que le vent ne l'emporte pas. Tout le foin sera consommé sur les lieux.

Lors de sa sortie le bordier qui a quatre vaches a le droit de prélever pour les nourrir, pendant qu'il fait sa dernière emblavaison, 160 kilog. de foin. Celui qui a six vaches en prend 80 kilog. de plus. Mais celui qui ne cultive pas ses terres lui-même n'a rien à prélever.

Pour ce qui regarde le fermier et le métayer sortants, ils prennent pour nourrir leur bœufs de travail une charretée de foin proportionnée à leur exploitation, ou 75 kilog. par hectare ensemencé. Indépendamment de ces prélèvements, le bordier a droit ainsi que le fermier et le métayer, de faire manger à ses bestiaux, le foin économisé de l'année précédente, avec le trèfle et regain récoltés l'année de sa sortie, pourvu toutefois que le tout soit consommé sur les lieux.

Foires, vente des bestiaux, bois, paille, foin. — Dans le canton de Moncoutant, le vendeur de bétail paie à l'acheteur la corde à attacher.

L'acheteur, d'après l'usage, a le droit de faire garder le bétail vendu le jour de la foire, jusqu'au coucher du soleil, par le vendeur auquel il remet alors le montant de la vente. Les risques sont à la charge de ce dernier jusqu'à l'heure susindiquée. La convention des parties fera cesser cet usage incommode et dangereux pour le vendeur.

Dans les ventes de fagots au cent, le vendeur donne cinq fagots par cent en plus.

Dans les ventes de paille et foin au poids, le vendeur livrera 2 kilog. 500 en plus par 50 kilog.

Pas d'usages quant à la vente du blé.

Fossés. — La largeur d'un fossé doit être de 1 mètre 33, sa profondeur 0,80.

Les fossés sur les exploitations se feront aux frais du propriétaire, ils seront entretenus par le colon et le fermier qui seront chargés d'en faire le recalage et le curage. On laissera entre le fossé et l'héritage voisin un *pied de sole* d'une largeur de 30 centimètres.

Celui qui aura sur son fonds un fossé de dessèchement, aura le droit d'exiger que les propriétaires des fonds inférieurs tiennent leurs fossés en bon état.

Fougères. — Le colon et le fermier sortants peuvent les couper et les convertir en fumier, mais il ne doivent ni

les vendre ni les emporter, à moins toutefois qu'elles ne soient sur des terres volantes.

Four. — (*V. Servitudes*). Chaque co-propriétaire d'un four peut s'en servir non seulement pour la cuisson du pain, mais encore pour le melage des fruits et l'assèchement du lin, pourvu qu'il ne nuise pas aux droits des autres communistes. Mais celui qui n'a qu'une simple servitude de fournage, ne peut se servir du four que pour la cuisson du pain.

Fourrages. — Tous les fourrages seront consommés sur les lieux et convertis en fumier.

Fumier. — Les fumiers faits sur la ferme ou dans les étables et ruages doivent être ramassés avec soin par les colons et fermiers.

Dans aucun cas, il ne leur est permis de détourner, vendre ou distraire, aucune partie des fumiers, terreaux ou engrais ramassés sur les lieux.

Tous les foins, pailles, chaumes, fougères, fourrages, seront consommés et convertis en fumier sur les fermes et métairies. Exception pour terres volantes. *(Voir Fougères et Pailles)*.

Fumures, amendements. — Tous les ensemencements doivent, en principe, être fumés ou bien amendés, à l'exception de l'avoine semée après le froment. Toutefois le sortant qui fera de l'avoine l'année de sa sortie a l'obligation de la fumer.

Fruits. — Tous les fruits pendants par branches appartiennent la dernière année au fermier ou au colon sortant qui peut venir, même après la St-Michel, les récolter au fur et à mesure de leur maturité. Exception (V. *Glands.*)

Genêt. — Les genêts ne doivent être arrachés qu'à

l'âge de cinq ans. L'année du chaumage (coupe du chaume), ne compte pas. Si une pièce de terre par exemple est emblavée le 29 septembre 1875, les genêts qui y viendront n'auront cinq ans que le 29 septembre 1881. Mais si le chaume n'est pas fauché, ces genêts auront cinq ans en 1880. De même les genêts plantés à l'époque ordinaire du mois d'octobre, peuvent être arrachés cinq ans après. Le genêt poura être vendu par le fermier.

Le fermier peut parer ou éclaircir les genêts de trois ans ; — s'il sort, il doit cesser de le faire après le 20 du mois d'août qui précède sa sortie. Il doit laisser les plus beaux pieds, et leur distance les uns des autres ne devra excéder un mètre.

Ce genêt doit être enlevé dans la huitaine de la coupe, afin de ne pas endommager le pacage, brûlé et consommé sur la ferme.

Le fermier sortant, peut faire des allées dans les champs de genêt de quatre ans, c'est-à-dire qu'il peut avant sa sortie, arracher le genêt de quatre sillons, mais il laissera d'une allée à une autre au moins vingt sillons intacts.

On ne doit pas laisser pacager les chèvres et moutons dans les genêts de 1 à 3 ans.

Dans le colonage partiaire, le métayer arrache le genêt de cinq ans qui est partagé entre le propriétaire et lui, il peut vendre sa part.

Il éclaircit les genêts de trois ans, et fait des allées dans les champs de genêt de quatre ans, avant sa sortie, comme il a été expliqué pour le fermier, à la charge de brûler et faire consommer sur sa métairie après partage avec le propriétaire, la part de genet qui lui revient.

Mêmes obligations à l'égard des chèvres et moutons, pour le métayer que pour le fermier.

Glanage. — Le glanage est permis par l'usage dans le canton de Moncoutant, après l'enlèvement de la récolte. Mais l'exploitant peut l'interdire, car aux yeux de la loi le glanage n'est considéré que comme un acte de simple tolérance dans les enclos ruraux ou terres entourées de haies vives ou sèches, palissades, fossés, etc..., comme le sont toutes les terres de notre canton. V. loi 28 septembre — 6 octobre 1791 — art. 6 de la section IV et art. 21, titre II.

Glands. — Le fermier ou le métayer sortant peut récolter les glands avant sa sortie, s'ils sont à maturité, mais non après la St-Michel.

Haies. — Les haies se coupent à trois ans. La coupe se fait par tiers, chaque année.

Les haies vives qui ont plus d'un mètre 33 centimètres de hauteur et plus d'un mètre d'épaisseur, doivent être élaguées et tondues, le voisin dans ce cas peut exiger qu'elles soient tondues et élaguées, v. art. 672 C. C. Il peut couper lui-même les racines qui avancent sur son héritage, conformément à ce même article.

On ne contraint pas à l'élagage des arbres accrus dans les haies.

Les fermetures des haies et les lies se placent du côté des héritages voisins, mais les pieux, et l'œil ou maille de la réorte se placent du côté du propriétaire de la haie.

Les haies vives sont plantées à un demi mètre de la ligne séparative comme le prescrit la loi. En ce cas, le propriétaire de la haie conserve nécessairement la propriété du terrain qu'il a laissé de l'autre côté, sans pouvoir toutefois le cultiver, ou s'en servir.

Il est d'usage que les propriétaires des haies vives plantent des arbres à haute tige sur la même ligne que ces haies.

Les haies sèches peuvent être plantées sur la ligne de séparation des héritages, sans observer aucune distance.

Le fermier a la faculté de vendre le bois qu'il récolte dans les haies, de même pour le colon qui profite entièrement du bois produit par la coupe des haies et branches des arbres têtards.

Les colons et fermiers sont tenus de réparer les brèches des haies. (V. *Aubépines.*)

Impôts — Les colons et les fermiers paient les impôts fonciers et extraordinaires, ils les paient autant de fois qu'ils font des récoltes sur le domaine. Si l'année de leur sortie ils ne les ont pas payés, ils les devront l'année qui suivra leur sortie, parce qu'ils prennent la récolte de cette dernière année.

Instruments aratoires. — Tous les instruments aratoires qu'exigera la culture sont fournis et entretenus par le fermier ou le colon.

Jachère. — On doit donner deux ou trois blés d'hiver aux terres avant de les laisser reposer en jachère.

On ne laissera pas en jachère les terres qui sont ensemencées en avoine ou en blé de printemps ; si l'on veut des pacages convenables il faut les obtenir après un blé d'hiver et un labour au printemps précédent. (V. *Surcharge*).

Jardins. — Les fermiers et colons sont tenus de bécher en totalité les jardins, et de les bien fumer et cultiver, d'entretenir en bon état les arbres qui s'y trouvent, de remplacer ceux qui meurent par d'autres de même nature, et de greffer en bons fruits ceux qui auront besoin de l'être. Les fruits et légumes des jardins appartiennent aux fermiers et aux colons, ils peuvent être emportés par eux à leur sortie sauf la paille et le chaume des blés qu'ils auraient semés dans ces jardins. Les locataires conservent la faculté d'emporter les pailles et chaumes des blés qu'ils y auraient semés. (V. *Fruits*).

. Le fermier ou le colon entrant est autorisé par l'usage à planter des légumes dans le jardin de celui qu'il remplacera, au fur et à mesure que le terrain est dépouillé de sa première récolte, à partir de la St-Jean.

Journée de travail. — Le prix de la journée de travail est fixé chaque année par le conseil général.

Lin. — Le colon et le fermier sortants ne doivent pas faire de lin d'hiver l'année de leur sortie.

Dans le colonage partiaire, le lin appartient par moitié au colon et au propriétaire, il en est de même de la graine.

Locutions usuelles. — La charge comprend 25 décalitres, le sac ou pochée un hectolitre, le boisseau 20 litres, le quartaut 15 litres 625.

On entend par boisselée une mesure de superficie de 15 ares, par quartolée une superficie de 10 ares.

Métayer ou colon partiaire. — Le métayer a le produit des jardins, légumes, fruits, il a aussi le laitage, les choux, le bois des haies et les branches des arbres, les volailles.

Les autres produits tels que le lin, la graine de lin, le chanvre après rouissage, la laine échaudée, etc... se partagent entre le propriétaire et lui. (V. *Porcs.*)

Les bestiaux nécessaires à l'exploitation de la métairie sont fournis à moitié par le colon et le maître, ainsi que les semences. (V. *Blés.*)

Le bail à cheptel n'a pas lieu dans le canton.

Pour acheter ou vendre du bétail il faudra au colon le consentement du propriétaire.

Les frais de saillies sont supportés par le colon, par contre, il profite du bénéfice des saillies qu'il fera faire.

Le vétérinaire sera payé à frais communs par le propriétaire et le colon qui partageront, en cas de mort du bétail, la somme que produira sa vente.

Pour le surplus de ce qui se rapporte au colon, se reporter au différents articles de ce recueil.

Moulins. — (V. *Congés*, V. *Baux*), Le bailleur livre son moulin en bon état, le preneur est responsable des accidents, il répare les verges, les tournants et les virants.

Le droit de mouture est d'un dixième. Le meunier va chercher le blé qui lui est confié au domicile de la pratique, il le moud, et porte ensuite à ce même domicile la farine qu'il en retire.

Tout établissement de moulins sur un cours d'eau non navigable ni flottable doit être autorisé par le préfet après enquête de commodo et incommodo, et rapport des ingénieurs.

Quant aux moulins à vent, il est libre à tout particulier d'en établir sur son héritage et sans permission préalable de l'administration. Cependant, l'autorité municipale peut décider par des réglements qu'on ne pourra pas élever des moulins à vent à une distance trop rapprochée des grandes routes, de peur que la rotation de leurs ailes, leur bruit, ou la projection de leur ombre n'occasionnent des accidents en effarouchant les chevaux ou autres animaux de travail.

Moutons. — Les fermiers ne doivent pas laisser paître leurs moutons dans les jeunes genêts de 1 à 3 ans.

Le fermier sortant ne doit pas les laisser pacager sur ses

prés après le 1er jour du mois de mars qui précède sa sortie.

Ces deux articles s'appliquent au colon.

Murs de séparation. — Le canton de Moncoutant ne connaît pas d'usages au sujet des murs de séparation, il faudra s'en rapporter à la loi. Nous nous bornerons à dire pour ce qui se réfère à l'art. 663, C. C. qu'en dehors des villes et de leurs faubourgs, nul n'est tenu de se clore.

Noues. — Il n'est pas permis de les faire pacager, l'herbe qu'elles produisent pourra être donnée en vert à la crèche.

Pacage. — Il est d'usage que l'on doit cesser de faire pacager les prés le 25 mars au plus tard.

Le fermier ou le métayer a le droit de réserver un pré de moyenne grandeur pour faire pacager ses bœufs de travail.

Le simple bordier peut réserver un champ pour mettre pacager les vaches qui font sa dernière emblavaison, à condition toutefois qu'il la fasse lui-même.

Pailles. — Toutes les pailles doivent rester sur les lieux pour y être consommées. Le sortant les empilera dans les endroits habituels, sauf celles de sarrasin que l'usage lui permet de faire consommer sur les lieux avant son départ.

Le fermier et le métayer sortants doivent couvrir avec de la paille les meules de foin. De même, les preneurs en conserveront pour couvrir la meule de gerbes du sorti qui les aura précédés.

Les fermiers sortis qui reviennent l'année suivante ramasser leur récolte ne sont pas tenus de faire le pailler, mais ils doivent approcher la paille. Cela s'applique aussi au colon partiaire.

On autorise aujourd'hui les fermiers et les colons à vendre de la paille, à la condition d'acheter de l'engrais.

Passages. — Le passage pour bœufs et charrettes est fixé à quatre mètres de largeur. Celui pour gens de pied et brouettes est fixé à un mètre de largeur seulement. Le passage pourra être clos avec une barrière mobile.

Pâtis. — Le fermier doit, ainsi que le colon, avant de quitter la ferme ou la métairie, arracher des pâtis les épines d'un an et au dessus, curer et refaire les rigoles avant la fin de mars qui précède la sortie. Les curùres ne doivent pas rester amoncelées sur les bords. Elles seront enlevées immédiatement par les fermiers et les colons. — Il est interdit de laisser vaguer dans les pâtis les oies et les canards.

Porcs et volailles. — MÉTAYERS — Un métayer a le droit d'engraisser des volailles à son profit sur le domaine qu'il exploite, sans limitation. Il ne laissera pas vaguer les oies et les canards sur les terres.

Les produits des cochons se partagent par moitié entre le colon et le propriétaire, sauf que le métayer prélèvera un cochon gras pour son usage personnel.

Prairies artificielles. — Il est permis au fermier et au colon de faire des prairies artificielles, le produit de ces prairies sera consommé sur l'exploitation

Le sortant laissera autant de prairies artificielles qu'il en aura trouvé sur les terres qu'il a exploitées.

Si le rentrant avait fait des prairies artificielles sur les terres du sortant, celui-ci aurait droit de les faire pacager avant sa sortie excepté par les moutons.

Prés. — On connait deux espèces de prés : 1° Les prés de fauche qu'on fait pacager après les fauches : 2° les noues ou prés gras qu'on fauche constamment sans qu'on puisse les faire pacager.

Les prés de fauche et les prés gras ou noues ne doivent jamais être labourés ni cultivés.

Les fermiers et colons ont l'obligation chaque année de curer et entretenir les rigoles des prés, — les rigoles d'arrosement avant le 25 février, les rigoles de dessèchement avant la St-Michel — de détruire les taupinières et fourmilières de ces prés, d'en enlever les ronces, broussailles, herbes nuisibles et les feuilles mortes. Les curures de ces rigoles seront enlevées immédiatement des prés.

Les fermiers et colons sortants prendront soin de faire toutes ces opérations avant leur sortie.

Si pendant le cours du bail le fermier ou colon sortant à créé une prairie naturelle, il a le droit avant sa sortie de faire manger sur les lieux le foin en provenant, à moins cependant que le propriétaire ne préfère lui payer une indemnité proportionnée à l'amélioration de la propriété.

Si un propriétaire d'un champ et d'un pré se touchant vient à affermer ou à vendre le pré, la haie située entre les deux pièces de terre suivra le pré, sauf stipultation contraire. De même, si le propriétaire vend ou afferme son champ, il conserve la haie, ce qu'on peut formuler ainsi : la haie suit toujours le pré en tant qu'elle appartient au propriétaire du pré. (V. *Moutons*.)

Récoltes. — Le colon ou le fermier moissonne, coupe, ramasse et vanne le grain à ses frais. Après le partage, ou le colon se paie de la moitié de la semence qu'il a enfouie, s'il l'a fournie en totalité, le fermier et le colon portent au domicile du propriétaire la part qui lui revient, et ce sans rétribution. Ils ne seraient pas obligés à cela si la distance à parcourir était trop considérable.

Le propriétaire a la moitié de la balle d'avoine du colon.

Le fermier ou le colon entrant doit au sorti et à ses gens de travail, quand il vient récolter ses produits après sa sortie, un logement convenable et des toits pour loger son bétail, il lui donnera les facilités dont il aura besoin pour préparer et prendre ses repas. (V. art. 1777, C. C.)

Regain. — Le fermier ou le colon sortant a le droit de faucher du regain avant sa sortie, et de le faire manger sur les lieux.

Réparations locatives. — Le colon et le fermier tiendront en bon état les portes, fenêtres, puits, séparations des toits, foyers, fours, crèches et rateliers, ils sont tenus des charrois des matériaux destinés aux grosses réparations de l'habitation, ou des bâtiments d'exploitation de la ferme. La distance à parcourir ne doit pas être trop grande.

Ruages. — L'usage permet aux fermiers, colons et propriétaires, de placer aux portes des toits et dans les ruages, une couche épaisse de chaume genêt ou autres productions, et d'enlever cette bourrée lorsqu'elle est pourrie pour en faire de l'engrais.

Sarrasin. — Le fermier ou le colon sortant, peut faire consommer sur les lieux la paille de sarrasin avant la St-Michel.

Servitudes. — Les servitudes de passage, puisage et fournage, sont exercées sans limitation d'heure et de temps, à toute heure de jour et de nuit.

Sortie. — Dans le canton, le colon ou le fermier sortant est astreint à vider les lieux le 29 septembre. La maison devra être nette à midi. Le maître pourra exiger le paiement de ce qui lui revient, à cette époque.

Lorsqu'en cas de sortie du colon et du fermier il y a lieu à estimation du bétail, l'estimation a lieu huit jours avant la sortie. L'usage leur impose de payer la moitié des frais que cette visite occasionne, le propriétaire paye l'autre moitié.

La visite de sortie doit être faite dans les trois mois après la sortie, après Noël la visite des lieux ne peut plus être faite. (*V. État des lieux.*)

Sous-location. — Un locataire peut sous-louer, à moins de stipulation contraire.

Surcharge ou retoublage. — Il n'est pas permis au fermier et au colon de retoubler ou surcharger, c'est-à-dire de semer froment, seigle, avoine, méteil, orge, baillarge, deux années de suite dans la même pièce de terre.

Tacite reconduction. — Si à l'expiration des baux écrits le fermier ou le colon reste et est laissé en possession du fonds qu'il occupe, il s'opère à son profit un nouveau bail dit *tacite reconduction*, réglé par l'article relatif aux locations faites sans écrit. (*V. Baux.*)

Quand le congé est régulièrement signifié (*V. Congés*), la tacite reconduction ne peut exister, il en est ainsi dans le cas où l'une des parties aurait été dans l'impossibilité légale de manifester sa volonté par suite de démence ou autre cause.

Outre le défaut de congé ou signification, il existe des actes et faits qui font présumer la tacite reconduction. Ce sera par exemple, l'accomplissement au vu et au su du propriétaire, de travaux exécutés par les fermiers et métayers, et que ce propriétaire eût dû interdire s'il n'eût pas voulu que la jouissance fut continuée.

Celui qui reste en vertu de la tacite reconduction, occupe les terres aux mêmes conditions que celles qui lui ont été imposées primitivement.

Terres volantes. — On appelle *terres volantes* des

pièces de terre affermées sans bâtiments. Ces terres éparses ne sont point soumises aux obligations concernant les métairies et fermes, par conséquent les produits de ces terres peuvent être emportés par l'exploitant.

Toits à bestiaux. — Comme nous l'avons dit à l'art. *semences*, les fermiers et colons rentrés devront fournir aux fermiers et colons sortis qui viendront ramasser leurs récoltes après l'année de leur sortie, un toit à bétail pour les bœufs d'ouvrage.

Trèfles. — Le fermier et le colon sortants peuvent couper le trèfle des champs, et le faire manger à leurs bestiaux. (V. *Prairies artificielles*).

Vaine pâture. — L'usage n'autorise pas la vaine pâture.

FIN

TABLE DES MATIÈRES

Pages

ERRATUM

Page 6 ligne 4, lire : le tiers des ajoncs de 4 ans qui etc...

www.ingramcontent.com/pod-product-compliance
Lightning Source LLC
Chambersburg PA
CBHW060512210326
41520CB00015B/4206